LA FEMME

PAR

M. P. Eugène SIMON

> « L'homme en ses passions toujours errant sans guide,
> « A besoin qu'on lui mette et le mors et la bride ;
> « Son pouvoir malheureux ne sert qu'à le gêner ;
> « Et, pour le rendre libre, il le faut enchaîner. »
>
> BOILEAU.

PARIS

L. SAUVAITRE, ÉDITEUR

Librairie Générale

72, BOULEVARD HAUSSMANN, 72

Tous droits de traduction et de reproduction réservés.

LIBRAIRIE GÉNÉRALE DE L. SAUVAITRE

PUBLICATIONS NOUVELLES

L'AMANT LÉGITIME, par Gilbert Stenger. Un vol. gr. in-18. . . . . 3 fr. 50
LES BUTTES CHAUMONT, par Charles Deslys. Un volume gr. in-18. . . . . 3 fr. 50
CONTES NOIRS, par Alex. Pilon. Un volume grand in-18. . . . . 3 fr. »
COUPS D'ÉPÉE au Pays Comtois, par Alfred de Besancenet. Un volume gr. in-18. . . . . . 1 fr. 50
CONTRE LE SPLEEN, par Manuel le Rouge. Un volume in-64. . . . . 2 fr. »
DÉDAIGNÉE, par Henry de Braisne. Un volume gr. in-18. . . . . 3 fr. 50
ÉVA BARNER, par Pierre Marius. Un volume grand in-18. . . . . 3 fr. 50
EN ISRAËL, par Amédée Jubert. Un volume grand in-18. . . . . 3 fr. 50
LES FANTAISIES D'UNE AMAZONE, par Jean Chassa. Un volume grand in-18. . . . . 3 fr. 50
L'HÉRITAGE D'HÉLÈNE, par Mme Rivière. Un vol. gr. in-18. . . . . 3 fr. »
LA NOUVELLE PHÈDRE, par Alexandre Weill. Un volume gr. in-18. . . . . 3 fr. »
LE TROTTOIR, par Jean Basque. Un volume grand in-18. . . . . 3 fr. 50
UN LOVELACE, par Henry de Braisne. Un volume gr. in-18. . . . . 3 fr. 50
VIEILLES NOUVELLES, par le Comte de Puymaigre. Un volume gr. in-18. . . . . 3 fr. »
NOUVEAUX CONTES ET NOUVELLES LÉGENDES, par A. Carlier. Un volume gr. in-18. . . . . . . 3 fr. 50
UN AMOUR EN RUSSIE, par Georges du Vallon. Un volume gr. in-18. . . . . 3 fr. 50

Paris. — Imp. R. Andrieu, 8, rue du Maure

A LA FEMME

Imprimerie R. Andrieu
8, Rue du Maure, 8
PARIS

A LA FEMME

PAR

M. P. EUGÈNE SIMON

> « L'homme en ses passions toujours errant sans guide,
> « A besoin qu'on lui mette et le mors et la bride :
> « Son pouvoir malheureux ne sert qu'à le gêner ;
> « Et, pour le rendre libre, il le faut enchaîner. »
> BOILEAU.

PARIS
L. SAUVAITRE, ÉDITEUR
Librairie Générale
72, BOULEVARD HAUSSMANN, 72
—
Tous droits de traduction et de reproduction réservés.

A Madame la Comtesse Ad. TURPIN de SANSAY

Chère Madame,

A vous je dédie ce livre, vous qui m'avez encouragé.

Si j'ai osé l'écrire, quoique cependant il ne soit pas immoral — loin de là — (audaces fortuna juvat!), c'est à vous et à vous seule que je le dois, c'est à l'enthousiasme que vous avez montré pour mon article du Sauveteur d'octobre 1890.

Soyez en bénie.

Je n'aurais jamais espéré un pareil succès en le faisant paraître, cet heureux article.

Vous aimez le sentiment, je l'ai prodigué dans mon livre.

Soyez fière de votre œuvre.

Ainsi que vous le verrez plus loin, je rends un hommage public à défunt Monsieur votre mari, qui a été si bon pour moi.

Votre reconnaissant

M. P. Eugène SIMON.

Paris, le 24 juin 1891.

LECTRICES,

> « Penser c'est vivre. »
> LAMARTINE.

J'ai fait ce petit livre pour vous, pauvres opprimées par la nature, et aussi pour contribuer à relever, si faire se peut, le niveau moral qui s'est terriblement abaissé dans notre malheureux pays depuis vingt ans !

Le style c'est l'homme, dit-on ?

Je me présente à vous avec ce livre en me soumettant d'avance à votre verdict.

On m'avait conseillé de faire écrire la préface par quelqu'un en vue. J'ai tenu essentiellement à ne laisser ce soin à nul autre qu'à moi, car j'estime qu'il n'y a que l'auteur lui-même, possédant seul son sujet à fond, qui puisse réellement la bien faire, et qu'elle est en quelque sorte pour lui une tribune où il peut exposer ses théories, défendre ses idées et prévenir les objections. — La préface doit compléter le livre.

Je dois à la mémoire de M. Adolphe Turpin de Sansay, membre de la Société des Gens de Lettres, de dire que si je puis aujourd'hui faire paraître mon ouvrage, c'est à lui que j'en suis redevable, c'est à ses encouragements, à l'hospitalité qu'il a bien voulu m'accorder dans les colonnes du Journal LE SAUVETEUR, hospitalité qui m'a enhardi à tenter l'expérience : *(Qui ne risque rien n'a rien,* comme dit le proverbe.)

Celui-là au moins aidait les jeunes, chose très rare par le temps qui court.

Grâces lui en soient rendues !

Je remercie particulièrement l'éditeur de ce livre de son généreux appui.

Merci à ceux qui m'ont encouragé, m'ont aidé !

Merci à la bien-aimée qui m'a consolé aux mauvais jours !

Mais, à côté de cela, que de déceptions, que de déboires, d'amertumes, de rancœurs, de sarcasmes, de dédains de toute espèce n'ai-je pas eu à subir jusque dans ma propre famille !

Comme le poëte, je dirai

. . . .

Certes, plus d'un vieillard sans flamme et sans cheveux,
Tombé de lassitude au bout de tous ses vœux,
Pâlirait, s'il voyait, comme un gouffre dans l'onde,
Mon âme où ma pensée habite comme un monde,
Tout ce que j'ai souffert, tout ce que j'ai tenté,
Tout ce qui m'a menti comme un fruit avorté,
Mon plus beau temps passé sans espoir qu'il renaisse,
Les amours, les travaux, les deuils de ma jeunesse,
Et, quoique encore à l'âge où l'avenir sourit,
Le livre de mon cœur à toute page écrit !

. . . .

Si, en effet, vous voulez écrire, les éditeurs commencent d'abord par vous dire généralement : « Faites-vous connaître » ;

si vous voulez paraître sur les planches, on vous fait la même réponse ; mais il faut pourtant bien débuter quelque part ! Quant à vous tendre la perche, jamais ! ! !

Comment ont donc fait Victor Hugo, Lamartine et Musset ?

C'est ce que j'ai dit à l'éditeur qui a lancé Lamartine (mon poète préféré dont je me suis inspiré) et qui — chose absolument renversante ! — a refusé mon ouvrage, je vous donne en mille à deviner pourquoi ? parce que : « Ce genre de littérature sort de son cadre » *(sic) !* Où allons-nous, mon Dieu, où allons-nous ?

Je fais le public juge en cette affaire.

Ah ! j'en ai vu de drôles, j'en ai vu de grises pour la publication de ce livre !

Cela m'a fait faire une jolie étude et cela m'a donné une crâne idée de l'homme !

Au surplus, je n'en suis pas fâché !

Je conserve la volumineuse correspondance que j'ai échangée avec des éditeurs. Il ferait bon voir leur revirement si mon livre réussissait !

Il y en a qui m'ont écrit des choses allant même jusqu'à friser l'injure. — Est-il permis d'être insolent avec qui travaille pour le bien, pour le beau, pour le vrai??? J'ai encore la mansuétude de ne pas livrer leurs noms à la publicité !

Il y en a qui ont eu l'aplomb de me dire qu'ils trouvaient très bien cet ouvrage, mais qu'ils n'en voulaient à aucune condition, ô logique!! — J'aurais compris qu'ils m'aient dit : « Vous n'êtes bon qu'à mettre à Sainte-Anne », en me répondant cela, très bien, c'était logique ; mais convenir que le livre était bon et ne pas en vouloir ! j'avoue que je ne saisis pas !

D'autres ont trouvé qu'il était trop court en principe. — Tel qu'il est, il peut paraître court, je n'en disconviens pas ; mais je tiens à déclarer que pour arriver à faire ces quarante pages, pour les rendre le plus attrayantes possible, j'ai dû amonceler des documents en quantité considérable. On ne peut certainement se rendre compte de l'effort déployé, car ce qu'on va lire ne représente que la quintessence de ces documents. — Néanmoins, comme on dit, — et je suis absolument de cet avis — « les choses les plus courtes sont les meilleures ». Telle chose qui est bien en cinquante pages, si on la délaye en cinq cents, n'est plus aussi bonne, contient forcément des longueurs. J'aime certainement mieux cinquante pages intéressantes que quinze cents qui ne signifient rien. J'espère que sur ce point, du moins, on ne me contredira pas !

J'ai tâché de mettre en pratique cette maxime, de Madame de La Fayette, qui estimait la brièveté et la concision dans le style, maxime qui est : qu'une page qu'on parvient à retrancher dans un livre vaut au moins un louis, et un mot dans une phrase, un franc.

— IX —

D'autres m'avaient donné leur parole et me l'ont retirée au dernier moment.

D'autres enfin ne m'ont même pas répondu.

Je raconte tout cela afin que les jeunes qui voudraient écrire se pénètrent bien de ce que, pour arriver aujourd'hui à faire publier des ouvrages qui, certes, sont loin d'être attentatoires à la morale publique, on éprouve des difficultés insurmontables dont on ne peut se faire une idée que lorsqu'on a passé par là.

Franchement! je me demande, moi Parisien et qui ai des relations, ce que pourrait faire en ce moment un bon jeune homme n'ayant que son talent d'écrivain

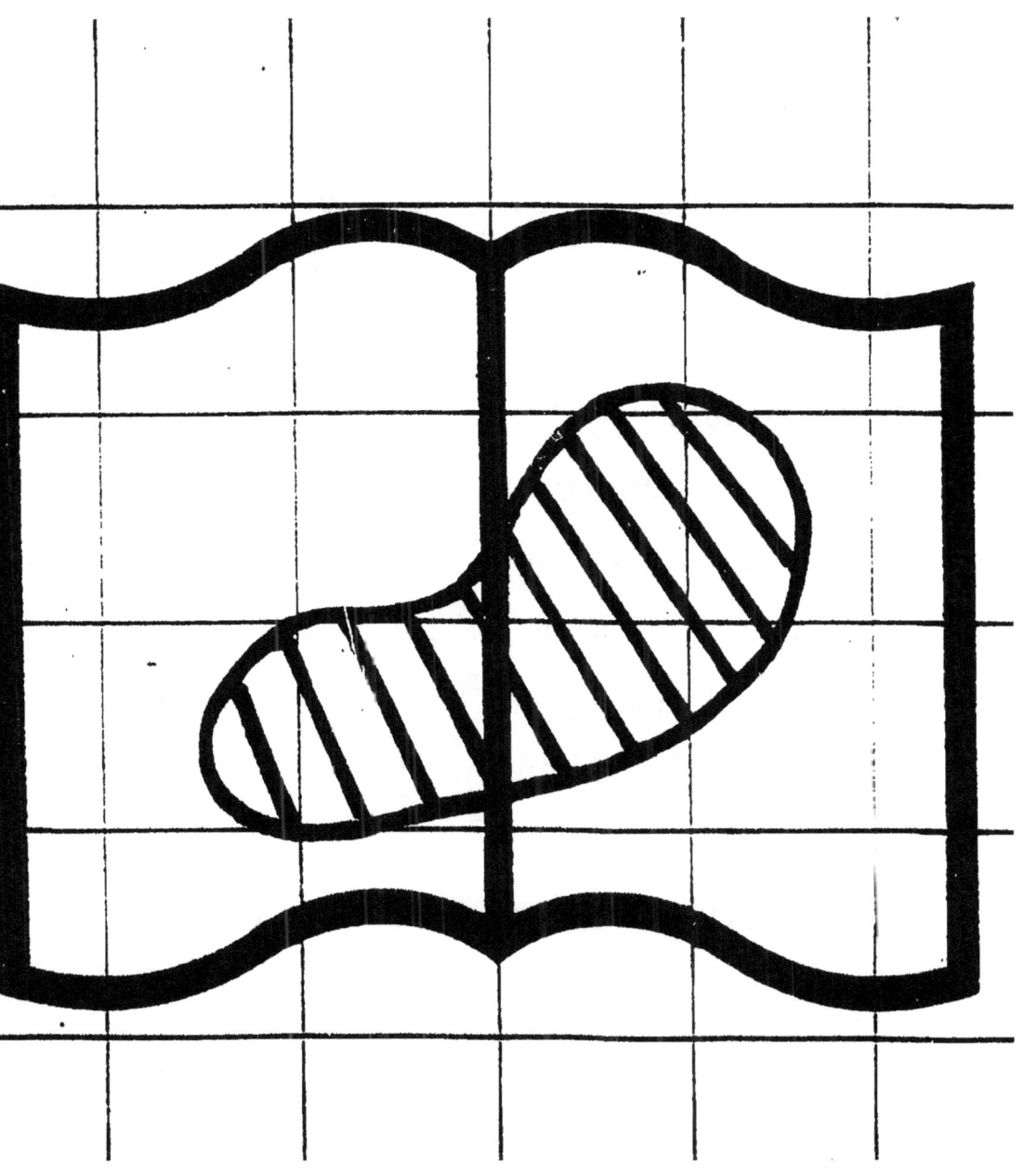

pour vivre, arrivant du fin fond de sa province à Paris sans connaître personne; mais il n'aurait qu'à se jeter dans la Seine, le malheureux, car toutes les portes se fermeraient devant lui avec un ensemble parfait!!!

Et quand on pense à tout ce qui s'imprime! à toutes les insanités, à toutes les vilenies, toutes les ignominies, toutes les turpitudes (qu'on me passe l'expression), toutes les saletés que l'on publie!

Il aurait semblé qu'après la néfaste guerre qui nous a coûté deux provinces on eût dû prendre à cœur de faire une race forte; au lieu de cela, on s'est relâché! au lieu de cela, de coupables auteurs se sont pour ainsi dire efforcés d'avilir notre jeunesse en mettant entre ses mains des livres malsains qui la corrompent!!!

On n'a plus de respect pour rien!

On vilipende l'armée, cette chose respectable entre toutes, puisqu'il s'agit de la défense de la patrie!!!!!! Sans elle, où en serions-nous, messieurs les sceptiques???

Qu'est devenu le bon goût français d'autrefois?

Notre race s'abâtardit!

Nous sommes envahis par le cabotinage!

Grands Dieux! nos ancêtres, vous devez bien rire de vos petits-fils!!!

Aujourd'hui, le talent, en art lyrique,

réside dans la coupe des cheveux et du pantalon et dans la couleur des habits!

Allez au théâtre voir une revue, vous y entendrez des rengaines de Paulus, datant de dix ans, et on vous donne cela pour de la musique nouvelle! Allez au Nouveau Cirque, vous y verrez des écuyers en costume « bleu Paulus »; vous connaissez la coupe de cheveux « Paulus » n'est-ce pas ? Paulus partout, Paulus *for ever!!!*

Quand on songe à tout ce que l'on voit d'écœurant aujourd'hui, quelque hésitation que l'on éprouve à l'avouer, on se prend positivement à regretter la pureté des mœurs des premiers âges!

Allons, France! réveille-toi, secoue ta

torpeur, ton engourdissement et ta condamnable apathie! il en est temps ! Mais fais vite, car demain il sera trop tard ! Demain serons-nous peut-être forcés de pousser le cri de « *Finis Galliæ !* »

Lamartine se meurt, Hugo est oublié pendant que l'école réaliste nous traîne dans l'ordure et dans la fange ! ! ! ! ! ! ! Nous sommes tombés dans l'ornière ! J'en appelle aux quelques rares personnes qui ont encore un peu de poésie au fond du cœur, n'est-il vraiment pas temps d'en sortir???

Travaillons à relever le goût français, travaillons-y sans relâche. Notre tâche est ardue; c'est remonter le courant, qu'importe! précisément à cause de cela, redoublons nos efforts!!!

— XIV —

Allons, Theuriet, allons, Halévy! debout sur la brèche! n'avez-vous pas encore quelque idylle, quelque *Abbé Constantin* à donner à notre jeunesse?????

En faisant ce livre je n'ai voulu m'occuper exclusivement que de la femme au point de vue moral; je me suis surtout attaché à exalter la mère. Voilà quel a été mon but.

On trouvera peut-être que j'ai oublié bien des femmes célèbres.

Je préviens d'avance mes lectrices que je n'ai pas prétendu faire un dictionnaire.

(Je déclare en passant que j'ai lu la vie de toutes ces femmes dont je parle pour voir s'il n'y avait pas dans l'histoire de chacune d'elles des faits saillants dignes d'être signalés.)

De même, trouvera-t-on que je suis sévère pour les marâtres qui tuent leurs enfants.

Pourtant, n'est-ce pas vrai ce que je dis : « La lionne se fait tuer pour défendre ses petits, et ces horribles mégères, qui ne sont même pas dignes du nom de femme, qui n'ont plus rien d'humain, égorgent les leurs!!! »

On me reprochera peut-être aussi d'être dur pour les vieilles filles.

— C'est que j'en connais des jeunes qui font les difficiles depuis longtemps; il y a déjà longtemps qu'elles ont coiffé Sainte-Catherine; la trentaine approche à grands pas; celles-là risquent fort de rester vieilles filles.

J'avoue que, dans le nombre de ces dernières, il y en a évidemment qui n'ont pas trouvé à se marier parce que la nature ne les avait pas favorisées, mais combien n'y en a-t-il pas — par contre — qui n'ont pas été courageuses, c'est-à-dire qui n'ont pas voulu se mettre en ménage avec des gens n'étant pas à même de leur assurer une existence de luxe ?

J'en connais même — cela est vraiment par trop incroyable ! — qui prétendent avoir le dégoût de l'homme. Dégoût de l'homme ? allons donc ! c'est une idée contre nature! Lisez les livres de médecine, lisez-les, et vous y verrez que le mari dont vous vous dégoûtez, soi-disant, contribue physiquement à la santé de la femme! Voyez nos fraîches, nos accortes villageoises, elles sont florissantes, elles respirent la santé. — Voyez la novice au cloître, elle a la pâleur des murs entre lesquels sa vie se consume, elle a la figure d'une morte!

Enfin, il y en a d'autres qui ne veulent pas se marier parce que les souffrances de la mère pour mettre son enfant au monde leur font peur! les courageuses!!! Comment ont donc fait leurs mères? Que deviendraient les enfants avec de tels principes? Pourtant ne sont-ils pas la joie de la vie? N'est-il pas réellement consolant de savoir que le jour fatal où il faudra quitter tout ce qui nous est cher, on laissera au foyer un autre soi-même; qu'une fois parti on pensera à nous, on parlera encore de nous, on sera indulgent pour les moments de faiblesse si nous en avons eu et compatissant pour les souffrances que nous aurons endurées! — Si on ne les avait pas, ces chers enfants, qui daignerait se souvenir de nous, seulement quinze jours après la mort? On est véritablement par trop égoïste en le siècle où nous sommes!!!

Elles sont bien avancées maintenant, les vieilles filles qui ont quatre-vingts ans, après toute une vie de solitude, d'amertumes et d'ennui, sans soutien, sans appui, sans personne auprès d'elles pour leur fermer les yeux le jour prochain où la mort viendra les trouver! Les mansardes sans feu l'hiver en abritent plus d'une!!!!!!

Pour atténuer la tristesse que pourront faire naître mes réflexions sur les vieilles filles, je citerai ici le passage où Balzac, après avoir blâmé vertement ces dernières, rend justice à celles qui ne se sont pas mariées par dévouement :

. . . .

« Il y a des filles qui se font mères en restant vierges. Celles-là atteignent au plus haut héroïsme de leur sexe en consacrant tous les sentiments féminins au culte du malheur. Elles vivent alors entourées de la splendeur de leur dévouement, et les hommes inclinent respectueusement la tête devant leurs traits flétris. » ....

Me trouvant un soir dans une famille, quelque temps avant l'impression de cet ouvrage, j'eus occasion de le lire.

La lecture achevée, une jeune fille de seize ans, qui se trouvait là, à laquelle on demandait quand elle se marierait, répondit : « Moi ? je ne me marierai pas, ou j'épouserai un vieux qui me donnera beaucoup d'argent. »

A seize ans sceptique ! quoi déjà ! déjà blasée ! à seize ans parler comme cela, à l'âge des illusions ! Si la jeunesse, si les jeunes filles d'aujourd'hui ont déjà dans la cervelle de pareilles idées, cela nous promet une jolie génération future !

J'avoue qu'en entendant ces paroles je n'ai pu en croire mes oreilles, les bras m'en sont tombés.

Ainsi donc, voilà à quoi ça m'avait servi de travailler pendant des années, pour tâcher de faire vibrer d'une douce émotion des âmes de jeunes filles. Il s'en trouvait une qui, par hasard, avait eu connaissance de ces pages où j'ai pourtant semé le sentiment à profusion, et voilà la réflexion que tant de poésie, tant d'âme et tant de cœur avaient fait naître !!!!!! C'était peine perdue !! Quelle désillusion ! J'avais parlé en vain à cet auditoire-là !

Le coup fut rude ! En sortant, sans

un ami qui s'y opposa, j'aurais jeté au vent mon manuscrit!

Ne voilà-t-il pas une désolante caractéristique de notre époque?

Donnez-vous donc du mal! Passez donc de longues soirées de veilles et des nuits d'insomnie pour arriver à un aussi piètre résultat!

Je me rappellerai longtemps cette malheureuse soirée.

Non, jeune fille! non, heureusement pour vous, un jour viendra où votre cœur parlera. Vous aurez, comme tout être humain ici-bas, vos heures d'illusions, vous aussi, et alors vous reconnaîtrez que le jour où vous avez dit cela, vous vous étiez trompée!!!

J'espère que cet ouvrage ne tombera pas toujours entre les mains de jeunes filles ayant aussi peu de lyrisme dans l'âme !!!!

J'ai suivi pour faire ce livre le précepte de Boileau :

. . . .

Vingt fois sur le métier remettez votre ouvrage :
Polissez-le sans cesse et le repolissez.

. . . .

Je déclare, en effet, que je l'ai bien refait vingt fois, ce qui — sans en avoir l'air — représente un travail de deux années, étant donné que je me le suis imposé en dehors du gagne-pain quotidien, car enfin il fallait manger en attendant que ce livre vît le jour, et si je n'avais compté que là-dessus pour vivre, j'aurais eu le temps de mourir de faim !!!

J'espère que l'on me tiendra compte des remaniements que ces modifications et améliorations successives ont entraînés, et que l'on me pardonnera les omissions que j'ai pu faire. La perfection n'est pas de ce monde ; comme l'a écrit Lafontaine :

...................., est bien fou du cerveau
Qui prétend contenter tout le monde et son père.

. . . .

Lectrices ! vengez-moi de tous les affronts que j'ai eu à supporter, en faisant un succès à mon petit livre ! Puisse-t-il, grâce à vous, aller loin ! Puisse-t-il être le livre du cœur par excellence !

Lorsque vous serez peinées, courez à

lui! un livre, c'est un confident, et le mien ne vous trompera pas, je vous le promets!

Je viens vous apporter la parole de paix, la consolation à vos souffrances et m'efforcer de faire que l'on ait pour vous plus de respect!!!!!!!

Je voudrais voir mettre cet ouvrage par la mère de famille entre les mains de sa fille, vers l'âge de quatorze ou quinze ans, pour lui bien faire comprendre le rôle qu'elle aura à remplir lorsqu'elle sera femme; c'est une belle et délicate mission que celle-là!

Femmes! c'est à vos cœurs, c'est à vos âmes que je m'adresse!!!

Il y a un proverbe qui dit : « *Nul n'est prophète en son pays* », et il est bien vrai.

— XXVI —

En faisant ce petit livre peut-être aurai-je prêché dans le désert ? ma conscience n'aura du moins rien à me reprocher, j'aurai fait œuvre utile !

Peut-être quelque jour, dans une centaine d'années d'ici, quelqu'un le retrouvera-t-il au fond d'un tiroir et dira : « Celui qui l'a écrit avait du sentiment ! »

C'est tout ce que je demande !!!

Paris, le 10 Mai 1891.

M. P. Eugène Simon.

A la Femme

> « Il faut n'avoir pas souffert pour
> se jouer du sentiment. »
>
> Mme DE STAEL.

Salut à la femme !

Salut à cette chère créature qui a été placée ici-bas par la Providence pour nous rendre plus douce la dure existence en nous aimant et en nous chérissant !

Salut à la personnification la plus belle et la plus absolue de l'affection sur terre !

Mères, salut !!

Je demande la permission d'étudier ici

le rôle de la femme au point de vue moral, « question bien souvent traitée », dira-t-on ? mais elle est si belle à examiner que l'on y trouve toujours quelque point à approfondir.

Je veux m'y adonner tout entier, y mettre toute mon âme.

« Rêves que tout cela », ajoutera-t-on encore ?

Eh bien, oui ! je suis un rêveur.

Ah ! laissez-nous donc rêver, laissez-nous donc errer dans les régions éthérées ; il est toujours assez temps de retomber sur terre pour se heurter aux insurmontables obstacles d'ici-bas, aujourd'hui que nous sommes submergés par l'affreux naturalisme.

Il est de répugnantes choses qui ne sont pas à dépeindre ; il y a des choses que l'on fait et qui ne sont pas bonnes à dire ! On avouera qu'il est plus agréable d'entendre parler d'idylles que de la vidange d'une fosse d'aisances!

Revenant à un sujet autrement plus délicieux, je vais d'abord examiner quel est le rôle de la femme dans la Société.

II

« Il n'y a pas eu en France une seule grande chose,..... en politique, en littérature, en art, qui n'ait été inspirée par une femme. »

ALPHONSE KARR.

Le rôle de la femme dans la Société n'est-il pas avant tout de stimuler l'homme aux conquêtes de l'intelligence, à l'amélioration des conditions physiques de la vie sur le globe terrestre, à l'amélioration de l'industrie et des relations sociales; de provoquer l'émulation dans les lettres, dans les sciences, dans tout ce qui est chef-d'œuvre de l'esprit humain?

La femme n'est-elle pas la grande inspiratrice de l'art?

Est-ce que si Béatrix n'avait pas existé, Le Dante — de même que Pétrarque sans Laure — nous aurait donné des vers immortels ? Est-ce que s'il n'y avait pas eu la Fornarina, Raphaël aurait poussé jusqu'aux dernières limites les beautés de son art ? Est-ce que son nom aurait traversé les siècles pour venir jusqu'à nous, le rendant à jamais célèbre ainsi que son modèle ?

Proudhon lui-même, l'un des plus farouches détracteurs de la femme, a avoué que la force virile resterait inféconde dans l'ordre physique, dans l'ordre intellectuel et dans l'ordre moral sans le stimulant précieux qu'elle reçoit de l'idéal représenté par la femme. « Sans cette excitation puissante, l'homme ne devient ni laborieux, ni intelligent, ni digne ; il croupit dans la fainéantise, l'imbécillité et l'abjection. »

Pourquoi travaillons-nous, tendons-nous toujours vers le progrès si ce n'est pour les femmes? N'est-ce pas beaucoup à cause d'elles que sont créés ces splendides magasins dont s'enorgueillissent à juste titre nos grandes villes? N'est-ce pas pour elles que sont faites toutes les belles productions?

Je ne parlerai qu'incidemment du rôle qu'occupent les femmes lorsqu'elles sont souveraines.

Citerai-je :
Blanche de Castille (1184-1252); Valentine de Milan (1370-1409); Isabelle la Catholique (1451-1504), grâce à laquelle Christophe Colomb put découvrir l'Amérique; Élisabeth d'Angleterre (1533-1603); Marie Stuart (1542-1587); Marie de Médicis, née à Flo-

rence en 1573, morte en 1642; Christine de Suède (1626-1689); Élisabeth Pétrowna (1709-1762), Impératrice de Russie, fille de Pierre-le-Grand, à laquelle on doit l'Académie des Beaux-Arts de Saint-Pétersbourg et l'Université de Moscou; la grande Catherine II (1729-1796).

Nos contemporaines :

La reine Victoria; Maria Pia, reine de Portugal ; *Marie-Christine*, reine d'Espagne, qui fait l'admiration de l'Europe entière dans la situation difficile où elle se trouve; etc.?

Me faut-il rappeler ici Charlotte Corday? (1768-1793).

Comment nier que Madame Roland (1754-1793) et Madame Tallien (1770-1835) aient eu une influence sur la politique pendant la Révolution ?

L'influence de Madame Récamier sur son temps n'est-elle pas reconnue ?

Me faut-il citer les noms des femmes de lettres :

Madeleine de Scudéri (1607), Madame de Sévigné (1627); Madame de Lafayette (1632); Madame de Maintenon (1635); Madame Deshoulières, née à Paris en 1638, morte en 1694, l'une des gloires littéraires du siècle de Louis XIV, surnommée par ses contemporains la Calliope française; Madame de Genlis (1746-1830); Madame de Staël (1766-1817); George Sand, Madame de Girardin, Madame Henry Gréville, Madame Adam, Carmen Sylva, George de Peyrebrune, Judith Gauthier, etc. ?

Peut-on croire, après avoir lu tous ces noms de femmes écrivains, que la Société des Gens de Lettres ouvre très difficilement et comme à regret ses portes aux femmes ? — Il y en a précisément une qu'elle vient de refuser d'admettre, et cette femme a du talent, un bagage littéraire, qui ne comprend pas moins de 10 volumes de romans, et a été couronnée par l'Académie Française, comme grand prix de poésie.

Dois-je rappeler aussi les peintres? La liste en est interminable.

Nous devons les premiers à l'ancienne Grèce. Ce furent Timarété et Aristareté.

L'Asie-Mineure produisit Lala, de Cyzique.

Puis vinrent l'Égyptienne Hélène, la sœur Plautilla Nelli, de Florence ; la fille du Tintoret : Marietta Tintoretta.

Il faut signaler parmi les Espagnoles : Isabelle Coello (1564-1612), Dorothée et Marguerite Joanès, Francisca y Velasco, la marquise d'Aveiro, la duchesse Theresa de Sarmiento y Bejar, la duchesse Marianna de Silva Bazan y Sarmiento y Huescar, etc.

Le Portugal a eu Maria da Cruz, religieuse, etc.

La Suisse a eu :
Anna Waser, née à Zurich en 1679, morte en 1713 ; Angélique Kauffmann, née à Coire (Grisons) en 1741, morte à Rome en 1807.

Il faut mentionner parmi les Anglaises :

Marie Beale, Anne Killigrew, Anne Carlisle, Mary Cosway, miss Lawrence, etc.

La Belgique a produit :

Marguerite van Eyck; Berlinette Yweins, de Bruges; la béguine Babet Boons; Clara de Keyser; Anne Segher; Anne Smyters; Gertrude van Veen; Catherine Pepyn; Anne-Françoise de Bruyns; Anne de Deyster; Marie Myin; Catherine Ykens; Gertrude de Pélichy, etc.

La Hollande a eu :

Anne van Cronenburg; Catherine van Hemsen, miniaturiste; Anne-Marie Schuurmans, d'Utrecht, appelée la « merveille de son siècle »; Marguerite Godewyck (1677); Maria van Oosterwyck (1630-1693); Rachel Ruysch (1664-1750); Gertrude Pieters; Marguerite de Grebber; Gezina

Terburg; Marguerite de Heere; Jacquemine Metzu; Marie Verelst; Alida Withoos; Marie Schalken; Catherine Knibberger; Alida Carré; Pétronille van Cuyck; Anne Folkema; Marguerite Haverman; d'Amsterdam (1720-1795); Cornélie et Agathe van der Myn; Georgina Hogenhuyzen; Adrienne Verbruggen; Sarah Troost; Élisabeth Wassenberg; Henriette Wolters; Marguerite Wulpaat; Cornélie Lamme, etc. — Quelle pépinière d'artistes que cette Hollande ! Comme on va pouvoir s'en rendre compte, elle occupe le deuxième rang après notre cher pays de France qui ne peut évidemment moins faire que de tenir la tête dans cette branche de l'art.

Parmi les Françaises, il faut retenir les noms de :

Laurence Fauconnier, de Bourges

(XVIe siècle), peintre sur verre; Geneviève Boullongne (1645-1708), et sa sœur Madeleine (1646-1710), reçues à l'Académie le 7 décembre 1669; Valérie Laudin; Charlotte Vignon; Catherine Perrot; Élisabeth-Sophie Chéron, de Paris (1648-1711); Madeleine Basseporte, de Paris (1700-1780); Marguerite Girard qui collabora avec son maître Fragonard; Anna Greuze; Madame Cadet; Catherine Lusurier; Marie - Thérèse Vien; Marie - Élisabeth Vigée-Lebrun, née à Paris en 1755, morte en 1842, reçue à l'Académie en 1783; — on peut admirer, au musée du Louvre, son portrait de Lady Hamilton en bacchante, et le sien propre peint par elle-même; — Mademoiselle Constance Mayer, de Paris (1778-1821); Mesdames : Haudebourt-Lescot de Paris (1784-1845); Élisa Bruyère, Oct. Paigné, Adèle Delaporte; Emma Desportes; A. Lemarchand; Olympe Arson; Henriette de Longchamp, née à Saint-Dizier en 1819; Girardin; Éléonore Escallier, Aline de Saint-Albin, etc.

Si j'ai fini par les Françaises, c'est pour pouvoir clore dignement cette longue mais indispensable énumération par le nom de l'artiste la plus illustre de toutes (nom qui est dans toutes les bouches), de notre contemporaine, Mademoiselle Rosa Bonheur !

Me faut-il citer les sculpteurs :
Catherine Duchemin, la première femme qui, en France, eut l'honneur de faire partie de l'Académie (1663); Mesdames : Lefèvre-Deumier, née à Argentan (Orne), vers 1820; L. Bertaux; Claude Vignon; la princesse Marie d'Orléans (dont on

peut voir à Orléans la « Jeanne d'Arc » en pied, tenant son épée dans ses bras croisés), etc., également toutes Françaises ? C'est en effet à notre belle patrie qu'échoit la palme, pour les femmes, dans l'art cher à Phidias.

En considérant cette longue suite de noms de femmes, peintres et sculpteurs, on se demande véritablement s'il est possible qu'à la fin du XIX° siècle, les jeunes filles ne puissent encore faire partie de notre École Nationale des Beaux-Arts !

Dois-je enfin rappeler les musiciennes :
Madame Augusta Holmès, etc. ? Les instrumentistes, Mademoiselle Magdeleine Godard ; Madame Roger-Miclos, etc.

On me reprochera peut-être d'avoir

oublié dans tout cela les artistes de théâtre.

Si je l'ai fait, c'est à dessein.

Désirant, avant tout, que mon livre soit essentiellement moral, je n'ai pas voulu m'occuper d'un art (je reconnais que c'en est un) particulièrement dangereux pour celles qui l'exercent.

J'ai parlé tout à l'heure des reines avant les héroïnes, je le regrette.

Place d'abord à elles ; gloire à elles ; honneur à Jeanne d'Arc, honneur à Jeanne Hachette ! Nous devrions rougir, nous hommes, que nos ancêtres aient eu besoin que deux faibles femmes aient dû relever — par leur exemple intrépide — leur courage abattu ! Je suis persuadé que si une guerre survenait, les femmes nous montreraient encore de pareils exemples.

M'est-il besoin de rappeler le rôle sublime qu'elles remplissent lorsqu'il s'agit de secourir ceux qui souffrent?

Me faut-il retracer ce qu'ont fait nos religieuses pendant l'année terrible, pendant l'atroce guerre de 1870, ce qu'elles font tous les jours avec une entière abnégation, veillant au chevet des mourants, les consolant, les fortifiant contre l'épouvantable épreuve à leur heure dernière et soignant les malades, oh! mais les soignant avec un tact, avec une douceur de caractère inouïs!

On a dit bien souvent que, si les femmes n'existaient pas, il se commettrait beaucoup moins de crimes. — Je prétends, moi, le contraire, quoique je craigne d'être taxé d'exagération, et je le prouve en citant à l'appui de ce que j'avance ces exemples trouvés dans la vie (exemples qui nous ont déjà été fournis plus d'une fois), de deux gardiens de phare isolés en mer, perdus dans l'immensité des flots, loin de tout secours humain; à tel point que l'on est obligé de leur apporter en bateau leurs vivres pour plusieurs jours quand le temps est mauvais, et qui sont condamnés à rester de longs mois seuls. — Eh bien! on a vu de ces hommes entrés bons amis le premier jour dans un phare, et ils ont fini par s'entre-tuer au bout de deux ans d'une vie pareille. L'existence dans de telles conditions est donc intenable et fait donc un ennemi du meilleur ami; le caractère devient sombre, taciturne, s'aigrit et l'on s'assassine!!! Eh bien! je le demande, l'existence nous serait-elle supportable sans la femme?

Sans vouloir que l'on revienne au temps

des « Femmes savantes » de Molière, que notre immortel comédien a si bien flagellées par les vers qu'il met dans la bouche de Chrysale parlant à Bélise :

. . . .

Le moindre solécisme en parlant vous irrite ;
Mais vous en faites, vous, d'étranges en conduite.
Vos livres éternels ne me contentent pas ;
Et, hors un gros Plutarque à mettre mes rabats,
Vous devriez brûler tout ce meuble inutile,
Et laisser la science aux docteurs de la ville ;
M'ôter, pour faire bien, du grenier de céans,
Cette longue lunette à faire peur aux gens,
Et cent brimborions dont l'aspect importune ;
Ne point aller chercher ce qu'on fait dans la lune,
Et vous mêler un peu de ce qu'on fait chez vous,
Où nous voyons aller tout sens dessus dessous.
Il n'est pas bien honnête, et pour beaucoup de causes,
Qu'une femme étudie et sache tant de choses.
Former aux bonnes mœurs l'esprit de ses enfans,
Faire aller son ménage, avoir l'œil sur ses gens,
Et régler la dépense avec économie,

Doit être son étude et sa philosophie.
Nos pères, sur ce point, étaient gens bien sensés,
Qui disaient qu'une femme en sait toujours assez,
Quand la capacité de son esprit se hausse
A connaître un pourpoint d'avec un haut-de-chausse.
Les leurs ne lisaient point, mais elles vivaient bien ;
Leurs ménages étaient tout leur docte entretien ;
Et leurs livres, un dé, du fil et des aiguilles,
Dont elles travaillaient au trousseau de leurs filles.
Les femmes d'à présent sont bien loin de ces mœurs ;
Elles veulent écrire et devenir auteurs.
Nulle science n'est pour elle trop profonde,
Et céans, beaucoup plus qu'en aucun lieu du monde :
Les secrets les plus hauts s'y laissent concevoir,
Et l'on sait tout chez moi, hors ce qu'il faut savoir.
On y sait comment vont lune, étoile polaire,
Vénus, Saturne et Mars, dont je n'ai point affaire.
Et, dans ce vain savoir, qu'on va chercher si loin,
On ne sait comme va mon pot, dont j'ai besoin.
Mes gens à la science aspirent pour vous plaire,
Et tous ne font rien moins que ce qu'ils ont à faire.
Raisonner est l'emploi de toute ma maison,
Et le raisonnement en bannit la raison.
L'un me brûle mon rôt, en lisant quelque histoire ;
L'autre rêve à des vers, quand je demande à boire ;

Enfin, je vois par eux votre exemple suivi,
Et j'ai des serviteurs, et ne suis point servi.

. . . .

j'avoue que je souhaite assez vivement de voir traiter les femmes un peu plus sur le pied d'égalité qu'on ne le fait et leur laisser dans la Société une place plus grande, une plus large part que celle qu'elles ont eue jusqu'ici.

Sans approuver ces énergumènes qui n'ont de la femme que le vêtement et ne font que se singulariser par la violence dans leurs discussions, je crois que le sexe faible qui — comme je viens de le montrer — a touché à tout en art : littérature, peinture, sculpture, musique, remplirait tout aussi bien que nous certaines places.

Je ne vois pas pourquoi il ne jouirait pas aussi bien que nous de plus d'un des droits que nous nous sommes attribués avec un soin jaloux.

Les femmes nous ont, en effet, prouvé qu'en travaillant elles étaient tout aussi capables que nous de devenir docteurs, témoin : Mademoiselle Marie Verneuil, Madame Madeleine Brès, Madame Ribart, Mademoiselle Anna Dahm, Madame Sarrente, élèves de la Faculté de médecine de Paris; Mademoiselle Androline Domergue, élève de la Faculté de Montpellier, et Mademoiselle Mesnard, de Bordeaux.

En Angleterre, on a été jusqu'à confier dès 1876 à une jeune doctoresse Miss Mary Edigh Pechey un poste de chirurgien dans un hôpital de femmes; puis récemment à une Ecossaise, Miss Alice Mac Laren, le service de chirurgie de l'hôpital de Leitz. Une autre femme médecin anglaise a été également appelée à une fonction semblable dans un autre hôpital ; on a donné aussi pour aide au médecin d'un faubourg du Sud de Londres une étudiante de l'École de médecine des femmes.

En 1876, en Amérique, une doctoresse, Miss Mary Allen, a été nommée professeur de physiologie et d'hygiène au collège Wassar (collège de jeunes filles dans l'État de New-York).

Nous n'en sommes pas encore là en France ; on s'est contenté seulement de nommer Madame Sarrente (que je viens de citer ci-dessus), médecin suppléant au théâtre national de l'Opéra ; — Mademoiselle Mesnard, de Bordeaux (que j'ai également citée plus haut), a voulu se présenter en 1886 comme candidate à la clinique d'accouchement, n'est-ce pas surtout l'affaire des femmes ? mais le Ministre de l'Instruction publique d'alors s'est opposé à son admission.

Les femmes ont été jusqu'à faire des avocats, voire même des professeurs de mathématiques ; je n'en veux pour preuve que les succès dans les concours académiques de Mesdames Sophie Germain et Sophie Kowaleski :

La première obtint en 1821, le grand prix de notre Académie des Sciences pour ses études sur les surfaces élastiques ;

La seconde (de Stockholm) a remporté récemment le même prix pour un mémoire — sur la rotation des corps — digne des plus grands géomètres.

Nous sommes loin de cette soi-disant infériorité morale que certains philosophes (comme Proudhon dont j'ai parlé au commencement de cette étude), jaloux sans doute des prérogatives exclusivement réservées à l'homme, se sont plu à reprocher au beau sexe en en faisant une sorte d'« impedimentum » pour pouvoir justifier la répugnance du sexe fort à partager sa puissance. Dans leur impatience à proclamer cela, ils ont oublié les femmes d'une intelligence supérieure, intelligence que beaucoup d'hommes ne possèdent pas ; ils ont perdu de vue Jeanne d'Arc, Madame de Sévigné, Madame de Staël, George Sand, auxquelles certes beaucoup voudraient ressembler !

L'anatomie prétend que le cerveau de la femme est d'un tiers plus petit que le nôtre. celui de Madame de Staël pesait une livre et trois onces de moins que le cerveau d'un homme ordinaire : sa remarquable intelligence prouve surabondamment que, si son cerveau a été trouvé trop étroit par la science, ce qu'il contenait valait, à part égale, beaucoup plus que ce que contient un cerveau d'homme en général.

Oui! la compagne de l'homme doit être traitée par lui en égale, car elle l'est, ne fût-ce au moins que devant la mort! Il y est forcé surtout par le singulier mystère qui entoure notre naissance (pourquoi y a-t-il, en effet, des gens qui ont des enfants et d'autres qui n'en ont pas? étrange énigme!) et dont nous ne pouvons arracher le secret à l'inexorable Nature!!!

En définitive, il me semble qu'il serait évidemment beaucoup plus moral de confier à des femmes le soin de guérir les femmes et de défendre leurs intérêts, de même que de leur laisser enseigner les jeunes filles dans les écoles supérieures, à la place des hommes.

III

« Mieux vaut mourir que vivre sans aimer. »

Ceci posé, passant de l'examen du rôle de la femme dans la Société à celui qui lui échoit dans la Famille (et je considère que toute sa vie est là, que c'est là principalement qu'elle excelle), je dirai que, surtout et avant tout, elle a été créée par Dieu pour nous donner du courage, pour nous remonter le moral aux mauvaises heures !

Être particulièrement frêle et délicat ! n'est-elle pas une sensitive ? et ne sait-elle pas foncièrement ce que c'est qu'une bonne parole, ce qu'elle peut faire de bien ; cela ne coûte rien, et pourtant il faut croire que cela coûte tout de même puisqu'il y a des brutes qui n'ont jamais que l'imprécation sur les lèvres !

Oui ! elle est faite pour aimer ! Oui ! elles ont été créées pour l'affection !

Filles, elles aiment leurs parents ; — épouses, elles chérissent leurs maris ; — mères, elles adorent leurs enfants !

Épouses, elles tiennent la plus grande place dans la vie de leurs maris, non pas seulement au point de vue matériel en lui-même (la main d'une femme, comme son absence, ne se remarquent-elles pas tout de suite dans un salon ?), mais surtout au point de vue moral auquel seul je veux m'arrêter ici. Ne sont-elles pas nos compagnes de chaque jour dévouées et éprouvées; eh! quoi de plus doux que l'union de deux âmes, de n'avoir pas de secrets l'un pour l'autre? Oh! oui, la Providence les a bien armées pour nous donner du courage quand nous sommes désolés; elle les a douées d'une délicatesse de cœur que seules elles possèdent, dont seules elles ont le secret, que seules elles savent employer!

Mères! elles idolâtrent leurs chers enfants! affection la plus pure, la plus vraie, la plus durable de toutes celles de ce monde, qui naît au berceau et qui survit au-delà de la tombe!

Mères!!! en ce mot-là est toute leur mission sur cette terre, et non pas purement en tant que reproduction de l'espèce humaine, en tant que le côté matériel de la chose, mais avant tout aussi au point de vue moral.

En l'écrivant, ce doux nom de mère, mes yeux se remplissent de larmes, mon cœur bat plus fort dans ma poitrine, ma main tremble, je ne puis continuer..... car je songe à celle que j'ai eu l'immense malheur, hélas! de perdre à tout jamais un an après ma naissance!!!

Si je m'abandonne à ce douloureux souvenir, c'est que c'est épouvantable de ne plus avoir de mère, c'est pour vous supplier, enfants! de bien aimer les vôtres; oh! aimez-les bien, vous ne les aimerez jamais assez!

Non! l'on ne saura jamais ce qu'il y a au fond d'un cœur de mère!!!

Combien de tendresses, combien de caresses ne prodiguent-elles pas à ces chers petits êtres qui leur coûtent tant de peines, tant de souffrances, qui leur arrachent tant de cris de douleur lorsqu'elles les mettent au monde????? Par quel étrange mystère, plus ils les ont fait souffrir, plus les choyent-elles? De combien de sollicitudes n'entourent-elles pas leurs premiers jours, leurs premiers pas dans l'existence?

Quoi de plus charmant qu'une mère tenant un bébé dans ses bras, le couvrant de ses caresses?

Combien de trésors d'amour n'épuisent-elles pas pour eux, pour les faire entrer dans la vie — où tout le monde n'a hélas! pas sa place — en leur en évitant le plus possible les difficultés, en écartant les ronces du chemin quand bien même elles laisseraient après les épines quelques gouttes de leur sang pour empêcher qu'ils ne souffrent comme elles ont souffert elles-mêmes!!!!!

Près du berceau de leurs enfants, les couvant des yeux, elles épient leurs moindres mouvements, s'absorbent dans leur contemplation ! — Quelle joie pour elles quand elles surprennent leurs premiers sourires, lorsqu'ils commencent à bégayer le mot « maman ». Comme elles sont heureuses et fières lorsqu'après avoir dirigé et soutenu leurs premiers pas, elles les voient enfin marcher seuls; comme elles rayonnent, comme elles sentent leur cœur déborder quand ils les enlacent de leurs petits bras !

Mais aussi, lorsqu'ils sont malades, quelles souffrances, quels tourments n'endurent-elles pas ? Ne sont-elles pas admirables de dévouement ? De quels soins ne les entourent-elles pas ? Il n'est plus pour elles ni trêve ni repos, leur vie se trouve tout entière concentrée sur eux et elles en feraient sans hésiter le sacrifice pour leur épargner la moindre douleur! Ah! que ne soupirent-elles pas quand, après de longues veilles, de mortelles nuits d'angoisses, elles les voient enfin revenir à la santé ? elles oublient alors toutes leurs tortures! Toutes ces douloureuses épreuves n'ont fait que revivifier, qu'augmenter encore l'amour pourtant déjà si intense qu'elles éprouvent pour eux ; n'est-ce pas comme si elles leur avaient deux fois donné la vie !

N'est-ce pas grâce à la mère que le cœur s'ouvre, que l'âme se forme ? N'est-ce pas elle qui suggère à l'enfant les généreuses pensées, qui lui inspire les sentiments élevés? C'est de cette éducation première que dépendent souvent nos destinées.

Oh! comme ils sont heureux ceux qui ont leur mère à cette époque de la vie ; et comme elle m'a manqué la mienne !!!

L'amour maternel (je ne m'occupe pas, bien entendu, des marâtres ni des misérables qui — par un sentiment contre nature — tuent leurs enfants), est la plus belle chose qui soit au monde!

Ne voyant que lui, je ne veux même pas penser aux criminelles que les hommes acquittent vraiment parfois avec une trop grande insouciance; il n'y a rien qui puisse justifier l'assassinat et surtout celui-là qui est d'autant plus lâche que les pauvres petits bébés sont sans défense. La lionne se fait tuer pour défendre ses petits, et ces horribles mégères qui ne sont même pas dignes du nom de femme, qui n'ont plus rien d'humain, égorgent les leurs!!!

Oui, mères! Voilà en un mot le rôle des femmes ici-bas, le voilà tout entier.

— Ici j'ouvre une parenthèse pour adresser un reproche aux vieilles filles (dont le nombre augmente malheureusement de jour en jour), qui ne veulent pas admettre ou comprendre que le vrai but de la vie est le mariage, combien il est doux de se consacrer à un être chéri, d'avoir des enfants! et qui n'ont pas voulu connaitre les joies de la famille!

Quoi de plus triste, en effet, que la vie des vieilles filles!

Comme a dit Balzac : « En restant fille, une créature du sexe féminin n'est plus qu'un non sens; égoïste et froide, elle fait horreur........ Il arrive, pour les filles, un âge où le monde les condamne sur le dédain dont elles sont victimes. Laides, la bonté de leur caractère devait racheter les imperfections de la nature; jolies, leur malheur a dû être fondé sur des causes plus graves. On ne sait lesquelles, des unes et des autres, sont le plus dignes de rebut. Si leur célibat a été raisonné, s'il est un vœu d'indépendance, ni les hommes ni les mères ne leur pardonnent d'avoir menti au dévouement de la femme en s'étant refusées aux passions qui rendent leur sexe si touchant........ La jalousie est un sentiment indélébile dans les cœurs féminins ; les vieilles filles sont donc jalouses à vide et ne connaissent que les malheurs de la seule passion que les hommes pardonnent parce qu'elle les flatte........ Elles ne pardonnent pas au monde leur position fausse, parce qu'elles ne se la pardonnent pas à elles-mêmes. Or, il est impossible à une personne perpétuellement en guerre avec elle-même ou en contradiction avec la vie de laisser les autres en paix et de ne pas envier leur bonheur ».

Jeunes filles! ne suivez pas ce funeste exemple!

On ne parle en ce moment que de dépopulation! — Ce n'est pas étonnant que la France se dépeuple : si les filles étaient plus courageuses, elles se marieraient plus qu'elles ne le font, et les naissances au lieu d'aller en diminuant augmenteraient.

Voilà ce que j'ai trouvé à dire dans mon cœur sur le rôle de la femme en ce monde!

Voilà, jeunes filles, quelle sera votre mission demain!

Lectrices, m'approuvez-vous ?

Si ces lignes vous ont — comme je le souhaite — doucement émues, vous le devez à une blonde et charmante enfant de huit ans, ma chère petite Eugénie, qui me regarde avec ses grands yeux clairs et qui me les a inspirées ?

Le sujet m'a tenté.

Je demande que l'on veuille bien me pardonner les imperfections de cette étude, je l'ai écrite sans prétentions et au courant de la plume.

Je ne voudrais pas que ma chère compagne qui va rentrer tout à l'heure — venant de remplir un pieux devoir — sache que je l'ai faite, car elle m'en voudrait d'avoir parlé de notre intérieur où je l'attends impatiemment pour pouvoir l'embrasser et lui dire : « Courage pour l'avenir ! »

Je garde ces pensées pour les montrer (si Dieu me le permet) dans quelques années à ma fillette, et j'espère que, lorsqu'elle les aura lues, elle comprendra ce que doit être une femme !!!

Puissé-je avoir pu, chères lectrices, faire couler de vos yeux de douces larmes, étreindre vos cœurs sous une douce émotion !

C'est mon vœu le plus cher; laissez-moi espérer que j'y ai réussi !!!

FIN.

TABLE DES MATIÈRES

	Pages.
Préface..	1
A la Femme	1

---

www.ingramcontent.com/pod-product-compliance
Lightning Source LLC
LaVergne TN
LVHW021002090426
835512LV00009B/2030